Impressum
Verlag: BABADADA GmbH, Nedderfeld 112 , 22529 Hamburg
Geschäftsführer / Verlagsleitung: Harald Hof
Druck: Books on Demand GmbH, In de Tarpen 42, 22848 Norderstedt

Imprint
Publisher: BABADADA GmbH, Nedderfeld 112 , 22529 Hamburg, Germany
Managing Director / Publishing direction: Harald Hof
Print: Books on Demand GmbH, In de Tarpen 42, 22848 Norderstedt, Germany

școală
die Schule

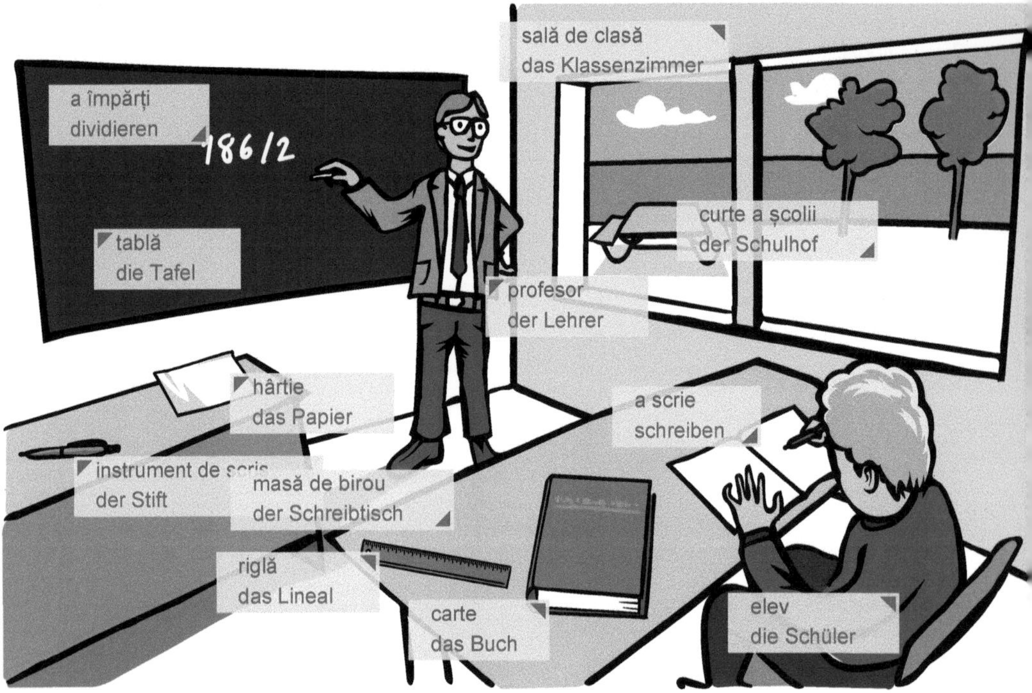
sală de clasă
das Klassenzimmer
a împărți
dividieren
186/2
tablă
die Tafel
curte a școlii
der Schulhof
profesor
der Lehrer
hârtie
das Papier
a scrie
schreiben
instrument de s
der Stift
masă de birou
der Schreibtisch
riglă
das Lineal
carte
das Buch
elev
die Schüler

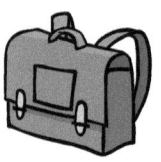

ghiozdan

der Ranzen

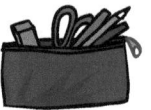

penar

die Federmappe

creion

der Bleistift

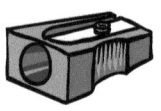

ascuțitoare

der Bleistiftanspitzer

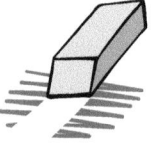

radieră

das Radiergummi

bloc de desen

der Zeichenblock

desen
die Zeichnung

pensulă
der Pinsel

cutie de acuarele
der Malkasten

foarfece
die Schere

lipici
der Klebstoff

caiet de exerciții
das Übungsheft

temă
die Hausaufgabe

12

număr
die Zahl

2+2

a aduna
addieren

5-2

a scădea
subtrahieren

2×2

a multiplica
multiplizieren

a calcula
rechnen

A

literă
der Buchstabe

ABCDEFG
HIJKLMN
OPQRSTU
VWXYZ

alfabet
das Alphabet

hello

cuvânt
das Wort

text

der Text

a citi

lesen

cretă

die Kreide

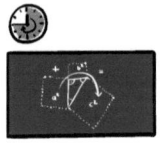

oră

die Stunde

catalog

das Klassenbuch

examen

die Prüfung

certificat

das Zeugnis

uniformă școlară

die Schuluniform

educație

die Ausbildung

enciclopedie

das Lexikon

universitate

die Universität

microscop

das Mikroskop

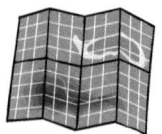

hartă

die Karte

coș de gunoi

der Papierkorb

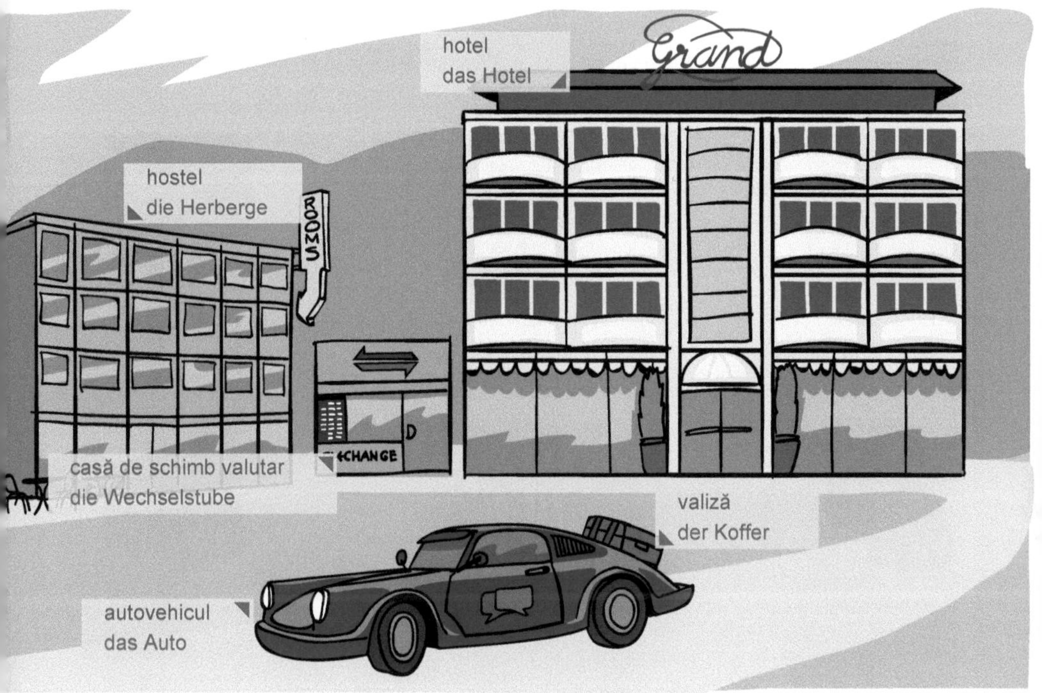

hotel
das Hotel
Grand
hostel
die Herberge
ROOMS
casă de schimb valutar
die Wechselstube
EXCHANGE
valiză
der Koffer
autovehicul
das Auto

limbă
die Sprache

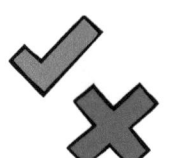

da/nu
ja / nein

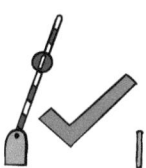

okay
Okay

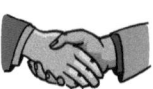

Bună!
Hallo

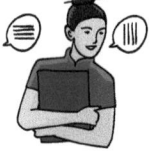

interpret
der Übersetzer

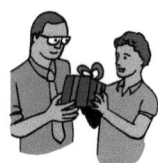

mulțumesc
Danke

Cât costă…?

Was kostet…?

Nu înțeleg

Ich verstehe nicht

problemă

das Problem

Bună seara!

Guten Abend!

Bună dimineața!

Guten Morgen!

Noapte bună!

Gute Nacht!

la revedere

Auf Wiedersehen

direcție

die Richtung

bagaj

das Gepäck

geantă

die Tasche

rucsac

der Rucksack

oaspete

der Gast

cameră

das Zimmer

sac de dormit

der Schlafsack

cort

das Zelt

punct de informare turistică
die Touristeninformation

plajă
der Strand

carte de credit
die Kreditkarte

mic dejun
das Frühstück

masa de prânz
das Mittagessen

cină
das Abendessen

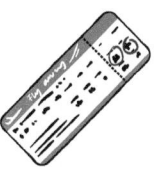

bilet de călătorie
die Fahrkarte

lift
der Fahrstuhl

timbru poștal
die Briefmarke

graniță
die Grenze

vamă
der Zoll

ambasadă
die Botschaft

viză
das Visum

pașaport
der Pass

transport

der Transport

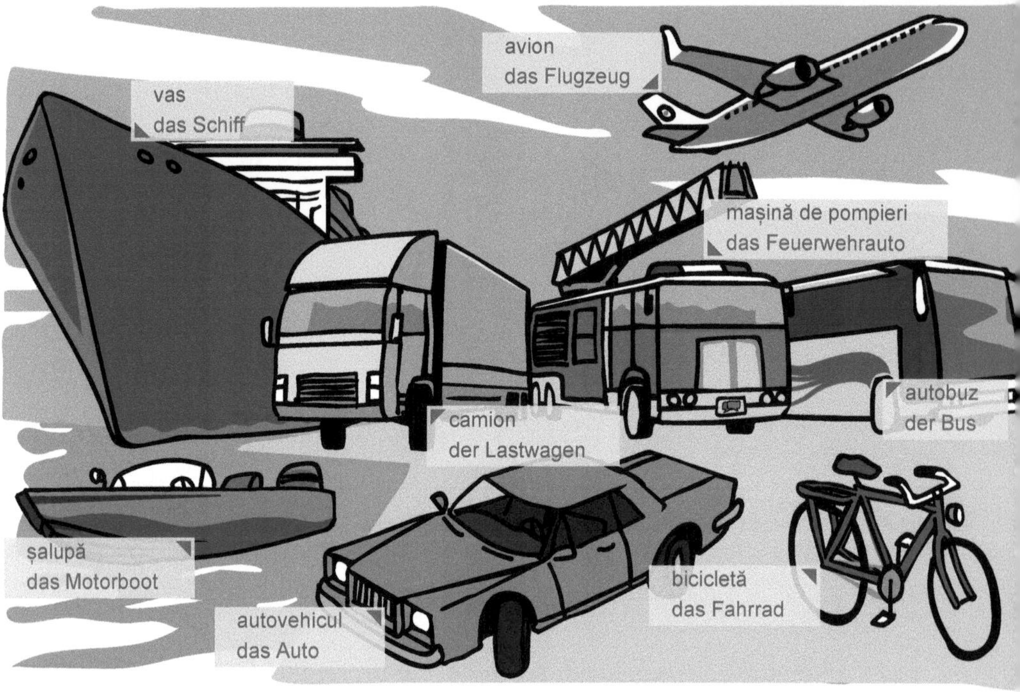
avion
das Flugzeug
vas
das Schiff
mașină de pompieri
das Feuerwehrauto
autobuz
der Bus
camion
der Lastwagen
șalupă
das Motorboot
bicicletă
das Fahrrad
autovehicul
das Auto

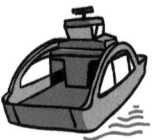

feribot

die Fähre

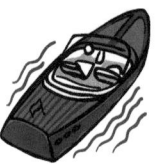

barcă

das Boot

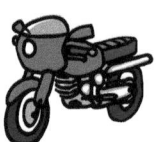

motocicletă

das Motorrad

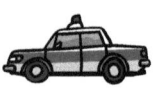

mașină de poliție

das Polizeiauto

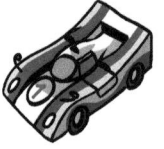

mașină de curse

das Rennauto

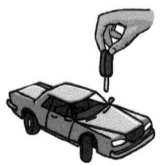

mașină închiriată

der Mietwagen

car sharing

das Carsharing

maşină de tractat

der Abschleppwagen

maşină de gunoi

das Müllauto

motor

der Motor

combustibil

der Kraftstoff

benzinărie

die Tankstelle

semn de circulaţie

das Verkehrsschild

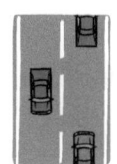

trafic

der Verkehr

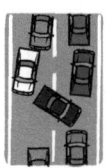

ambuteiaj

der Stau

parcare

der Parkplatz

gară

der Bahnhof

şine

die Schienen

tren

der Zug

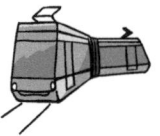

tramvai

die Straßenbahn

vagon

der Wagon

elicopter

der Helikopter

aeroport

der Flughafen

turn

der Tower

pasager

der Passagier

container

der Container

carton

der Karton

căruță

der Karren

coș

der Korb

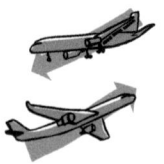

a decola/a ateriza

starten / landen

oraș

die Stadt

sat

das Dorf

centru

das Stadtzentrum

casă

das Haus

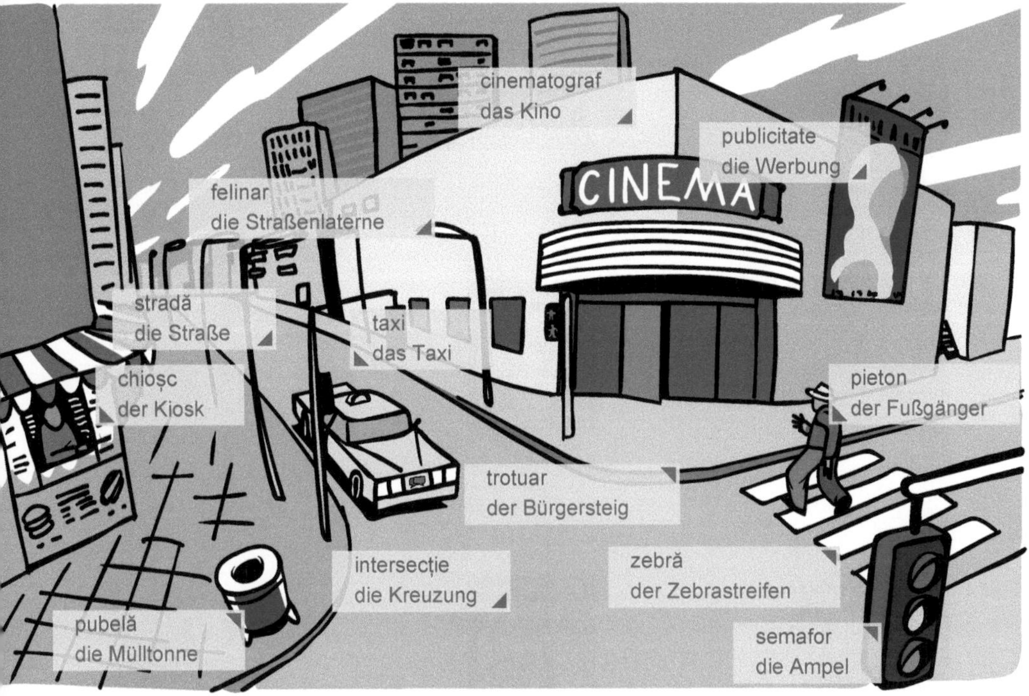

cinematograf
das Kino

publicitate
die Werbung

felinar
die Straßenlaterne

CINEMA

stradă
die Straße

taxi
das Taxi

chioşc
der Kiosk

pieton
der Fußgänger

trotuar
der Bürgersteig

intersecţie
die Kreuzung

zebră
der Zebrastreifen

pubelă
die Mülltonne

semafor
die Ampel

cabană
die Hütte

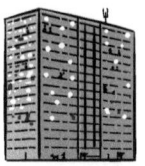

apartament
die Wohnung

gară
der Bahnhof

primărie
das Rathaus

muzeu
das Museum

şcoală
die Schule

universitate

die Universität

bancă

die Bank

spital

das Krankenhaus

hotel

das Hotel

farmacie

die Apotheke

birou

das Büro

librărie

die Buchhandlung

magazin

das Geschäft

florărie

der Blumenladen

supermarket

der Supermarkt

piață

der Markt

magazin universal

das Kaufhaus

comerciant de pește

der Fischhändler

centru comercial

das Einkaufszentrum

port

der Hafen

parc

der Park

bancă

die Bank

pod

die Brücke

trepte

die Treppe

metrou

die U-Bahn

tunel

der Tunnel

stație de autobuz

die Bushaltestelle

bar

die Bar

restaurant

das Restaurant

cutie poștală

der Briefkasten

tăbliță indicatoare cu
numele străzii

das Straßenschild

parcometru

die Parkuhr

grădină zoologică

der Zoo

piscină

die Badeanstalt

moschee

die Moschee

gospodărie țărănească

der Bauernhof

poluare

die Umweltverschmutzung

cimitir

der Friedhof

biserică

die Kirche

loc de joacă

der Spielplatz

templu

der Tempel

peisaj
die Landschaft

frunză
das Blatt

indicator
der Wegweiser

drum
der Weg

pajiște
die Wiese

piatră
der Stein

copac
der Baum

drumeț
der Wanderer

râu
der Fluss

iarbă
das Gras

floare
die Blume

vale

das Tal

deal

der Berg

lac

der See

pădure

der Wald

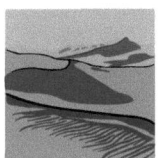

deșert

die Wüste

vulcan

der Vulkan

castel

das Schloss

curcubeu

der Regenbogen

ciupercă

der Pilz

palmier

die Palme

țânțar

der Moskito

muscă

die Fliege

furnică

die Ameise

albină

die Biene

păianjen

die Spinne

gândac

der Käfer

broască

der Frosch

veveriță

das Eichhörnchen

arici

der Igel

iepure

der Hase

bufniță

die Eule

pasăre

die Vogel

lebădă

der Schwan

porc mistreț

das Wildschwein

cerb

der Hirsch

elan

der Elch

dig

der Staudamm

turbină eoliană

das Windrad

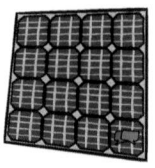

panou solar

das Solarmodul

climă

das Klima

restaurant
das Restaurant

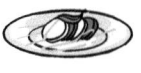

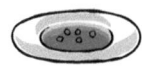

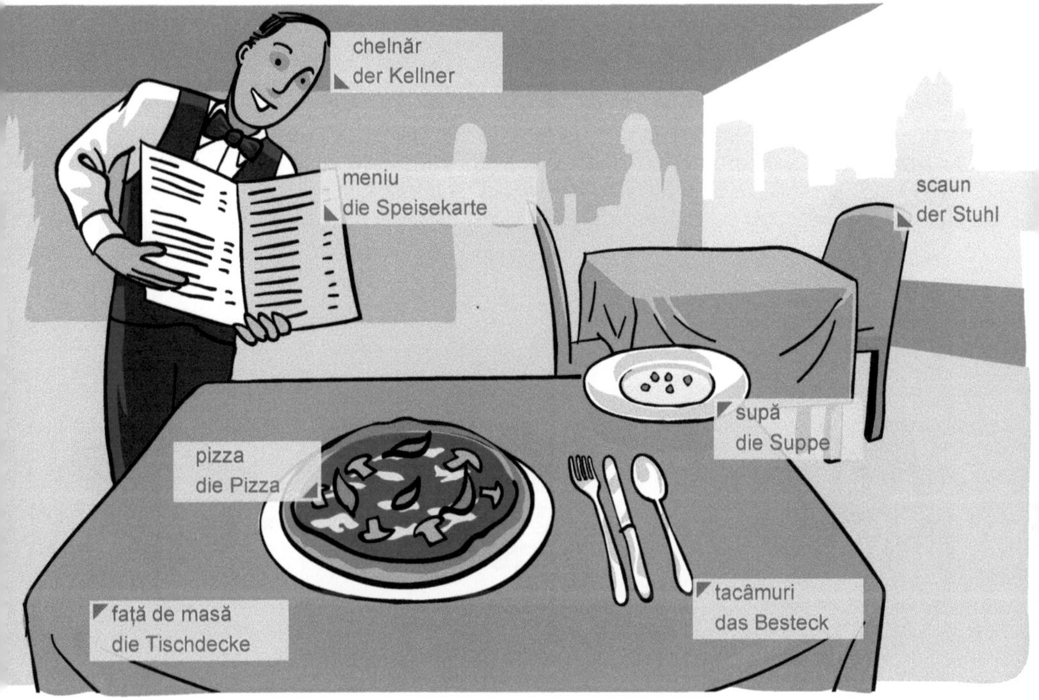
chelnăr
der Kellner
meniu
die Speisekarte
scaun
der Stuhl
supă
die Suppe
pizza
die Pizza
tacâmuri
das Besteck
față de masă
die Tischdecke

antreu

die Vorspeise

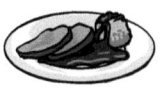

fel principal

das Hauptgericht

desert

die Nachspeise

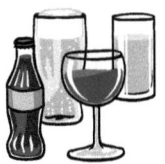

băuturi

die Getränke

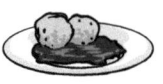

mâncare

das Essen

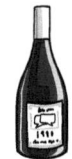

sticlă

die Flasche

fastfood

das Fastfood

streetfood

das Streetfood

ceainic

die Teekanne

zaharniță

die Zuckerdose

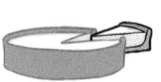

porție

die Portion

espressor

die Espressomaschine

scaun înalt (pentru copii)

der Hochstuhl

factură

die Rechnung

tavă

das Tablett

cuțit

das Messer

furculiță

die Gabel

lingură

der Löffel

linguriță

der Teelöffel

șervețel

die Serviette

pahar

das Glas

restaurant - das Restaurant

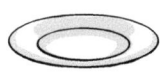

farfurie

der Teller

farfurie de supă

der Suppenteller

farfurie

die Untertasse

sos

die Sauce

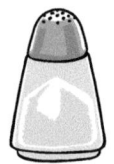

solniță

der Salzstreuer

râșniță de piper

die Pfeffermühle

oțet

der Essig

ulei

das Öl

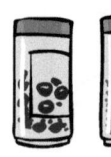

condimente

die Gewürze

ketchup

das Ketchup

muștar

der Senf

maioneză

die Mayonnaise

supermarket
der Supermarkt

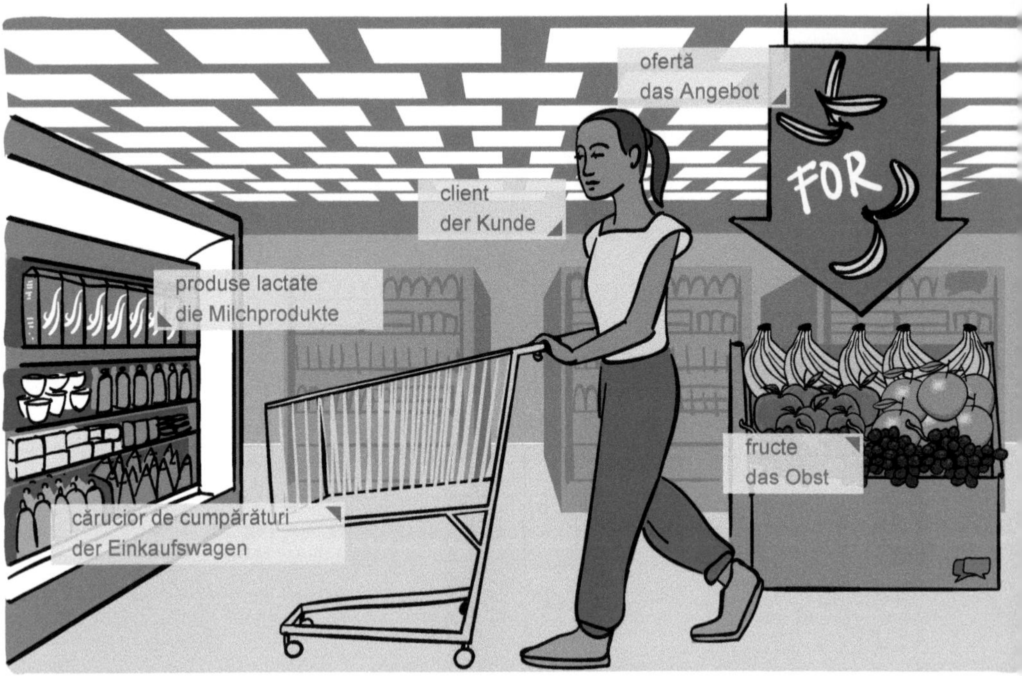

ofertă
das Angebot
FOR
client
der Kunde
produse lactate
die Milchprodukte
fructe
das Obst
cărucior de cumpărături
der Einkaufswagen

BUTCHERS

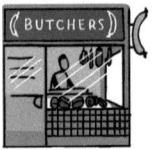

măcelărie

die Schlachterei

BAKERY

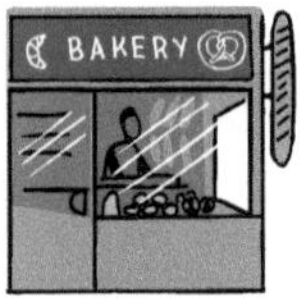

brutărie

die Bäckerei

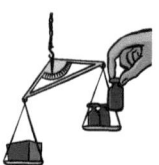

a cântări

wiegen

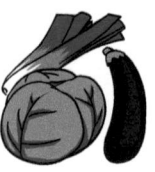

legume

das Gemüse

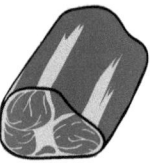

carne

das Fleisch

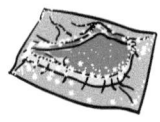

alimente refrigerate

die Tiefkühlkost

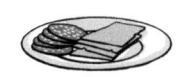

hezeluri și brânzeturi feliate

der Aufschnitt

conserve

die Konserven

detergent

das Waschmittel

dulciuri

die Süßigkeiten

articole de menaj

die Haushaltsartikel

produse de curățenie

das Reinigungsmittel

vânzătoare

die Verkäuferin

casă

die Kasse

casier

der Kassierer

listă de cumpărături

die Einkaufsliste

orar

die Öffnungszeiten

portmoneu

die Brieftasche

carte de credit

die Kreditkarte

geantă

die Tasche

pungă de plastic

die Plastiktüte

apă
....
das Wasser

suc
....
der Saft

lapte
....
die Milch

cola
....
die Cola

vin
....
der Wein

bere
....
das Bier

alcool
....
der Alkohol

cacao
....
der Kakao

ceai
....
der Tee

cafea
....
der Kaffee

espresso
....
der Espresso

cappucino
....
der Cappuccino

banane
die Banane

măr
der Apfel

portocală
die Orange

pepene
die Melone

lămâie
die Zitrone

morcov
die Karotte

usturoi
der Knoblauch

bambus
der Bambus

ceapă
die Zwiebel

ciupercă
der Pilz

nuci
die Nüsse

paste făinoase
die Nudeln

spagheti

die Spaghetti

orez

der Reis

salată

der Salat

cartofi prăjiți

die Pommes frites

cartofi țărănești

die Bratkartoffeln

pizza

die Pizza

hamburger

der Hamburger

sandwich

das Sandwich

șnițel

das Schnitzel

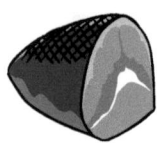

șuncă

der Schinken

salam

die Salami

cârnați

die Wurst

pui

das Huhn

friptură

der Braten

pește

der Fisch

mâncare - das Essen

fulgi de ovăz

die Haferflocken

musli

das Müsli

cereale

die Cornflakes

făină

das Mehl

corn

das Croissant

chifle

das Brötchen

pâine

das Brot

pâine prăjită

der Toast

biscuiți

die Kekse

unt

die Butter

brânză de vaci

der Quark

prăjitură

der Kuchen

ou

das Ei

ouă ochiuri

das Spiegelei

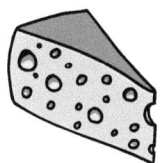

brânză

der Käse

înghețată

die Eiscreme

zahăr

der Zucker

miere

der Honig

marmeladă

die Marmelade

cremă nuga

die Nougat-Creme

curry

das Curry

gospodărie țărănească

der Bauernhof

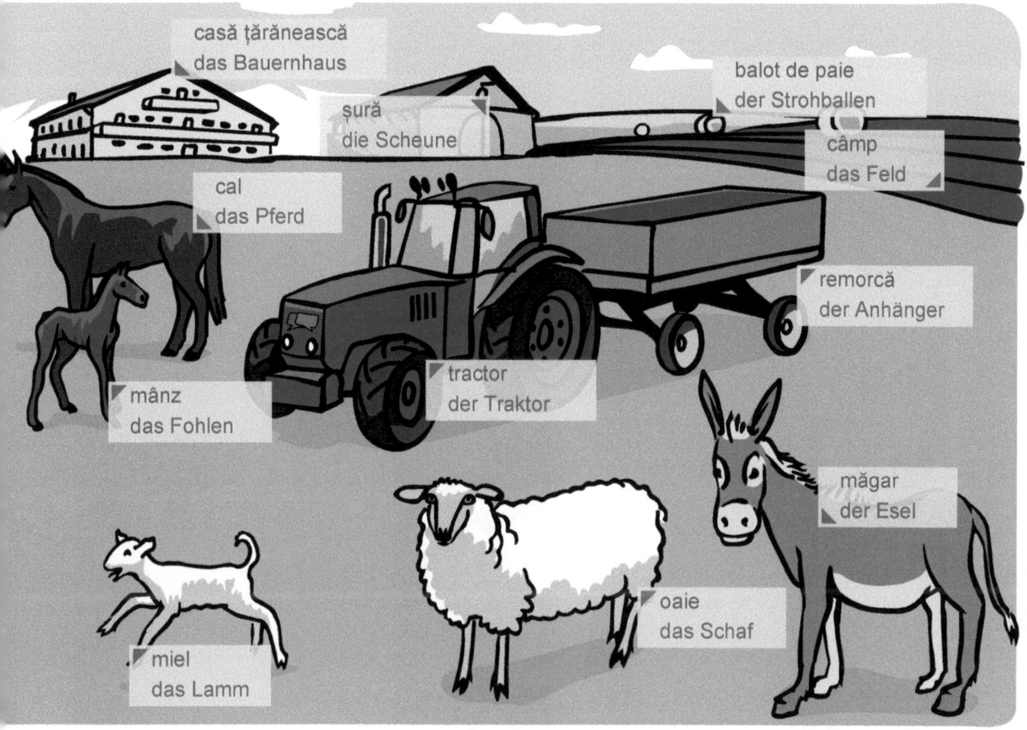
casă țărănească
das Bauernhaus
șură
die Scheune
balot de paie
der Strohballen
câmp
das Feld
cal
das Pferd
remorcă
der Anhänger
mânz
das Fohlen
tractor
der Traktor
măgar
der Esel
oaie
das Schaf
miel
das Lamm

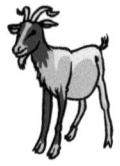

capră

die Ziege

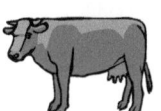

vacă

die Kuh

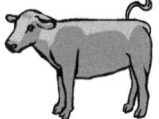

vițel

das Kalb

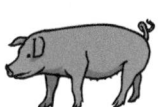

porc

das Schwein

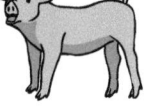

purcel

das Ferkel

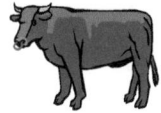

taur

der Bulle

găină
die Gans

rață
die Ente

pui
das Küken

găină
das Huhn

cocoș
der Hahn

șobolan
die Ratte

pisică
die Katze

șoarece
die Maus

bou
der Ochse

câine
der Hund

cușcă
die Hundehütte

furtun de grădină
der Gartenschlauch

stropitoare
die Gießkanne

coasă
die Sense

plug
der Pflug

seceră

die Sichel

sapă

die Hacke

furcă

die Mistgabel

secure

die Axt

roabă

die Schubkarre

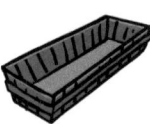

troacă

der Trog

cană pentru lapte

die Milchkanne

sac

der Sack

gard

der Zaun

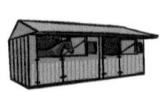

grajd

der Stall

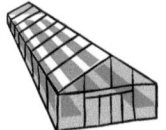

seră

das Treibhaus

sol

der Boden

sămânță

die Saat

fertilizator

der Dünger

combină de treierat

der Mähdrescher

a culege

ernten

recoltă

die Ernte

cartof yam

die Yamswurzel

grâu

der Weizen

soia

das Soja

cartof

die Kartoffel

porumb

der Mais

rapiță

der Raps

pom fructifer

der Obstbaum

manioc

der Maniok

cereale

das Getreide

casă
das Haus

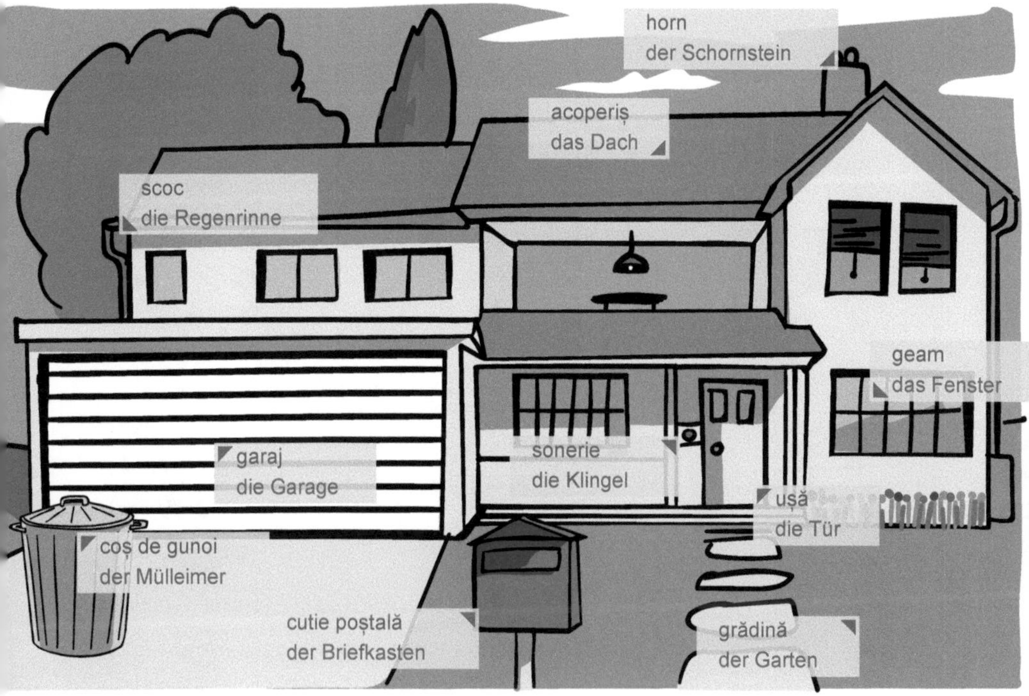
horn
der Schornstein
acoperiș
das Dach
scoc
die Regenrinne
geam
das Fenster
garaj
die Garage
sonerie
die Klingel
ușă
die Tür
coș de gunoi
der Mülleimer
cutie poștală
der Briefkasten
grădină
der Garten

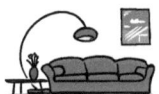

cameră de zi

das Wohnzimmer

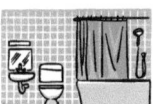

baie

das Badezimmer

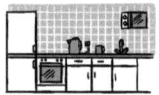

bucătărie

die Küche

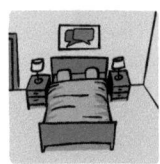

dormitor

das Schlafzimmer

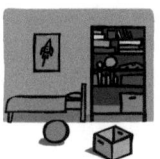

camera copiilor

das Kinderzimmer

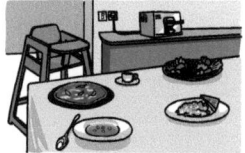

sufragerie

das Esszimmer

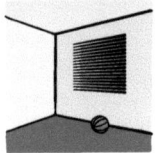

podea

der Boden

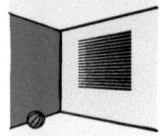

perete

die Wand

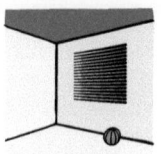

tavan

die Decke

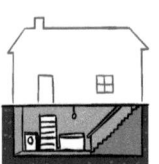

pivniță

der Keller

saună

die Sauna

balcon

der Balkon

terasă

die Terrasse

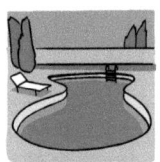

piscină

das Schwimmbad

mașină de tuns iarba

der Rasenmäher

cearșaf

der Bettbezug

cuvertură

die Bettdecke

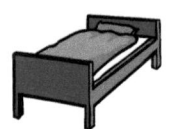

pat

das Bett

mătură

der Besen

găleată

der Eimer

întrerupător

der Schalter

camerӑ de zi
das Wohnzimmer

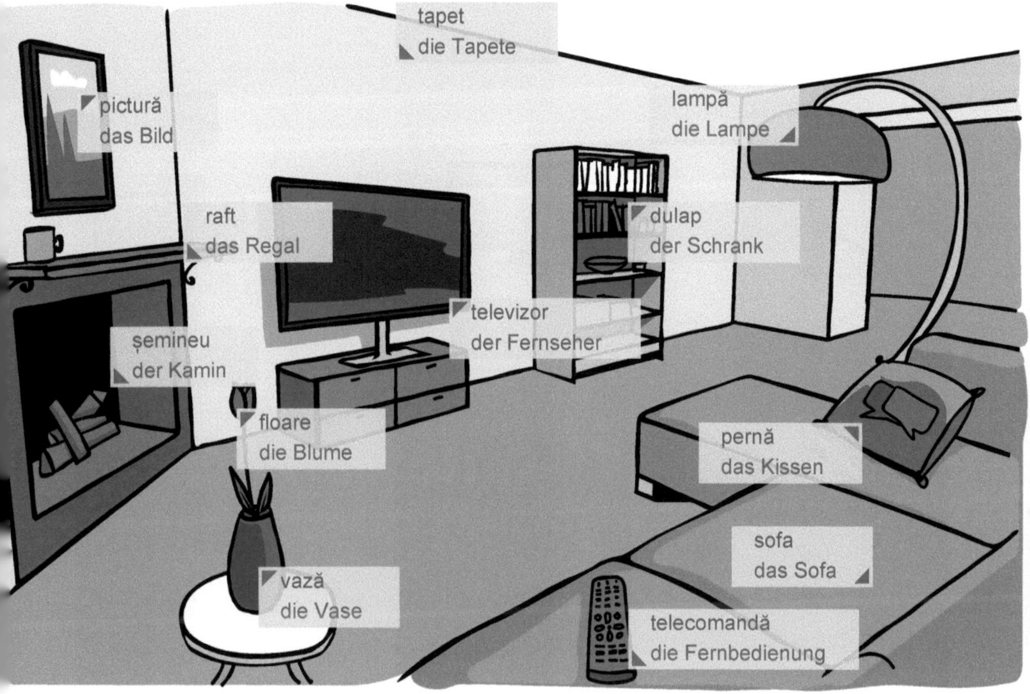

tapet
die Tapete
picturӑ
das Bild
lampӑ
die Lampe
raft
das Regal
dulap
der Schrank
televizor
der Fernseher
șemineu
der Kamin
floare
die Blume
pernӑ
das Kissen
sofa
das Sofa
vazӑ
die Vase
telecomandӑ
die Fernbedienung

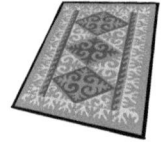

covor
der Teppich

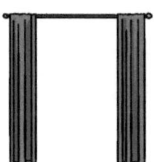

perdea
der Vorhang

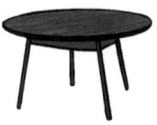

masӑ
der Tisch

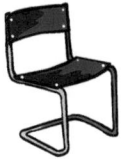

scaun
der Stuhl

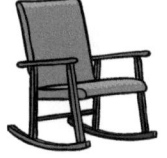

balansoar
der Schaukelstuhl

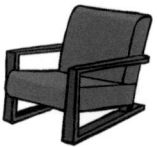

fotoliu
der Sessel

carte

das Buch

pătură

die Decke

decoraţiune

die Dekoration

lemn de foc

das Feuerholz

film

der Film

instalaţie stereo

die Stereoanlage

cheie

der Schlüssel

ziar

die Zeitung

desen

das Gemälde

poster

das Poster

radio

das Radio

caiet de notiţe

der Notizblock

aspirator

der Staubsauger

cactus

der Kaktus

lumânare

die Kerze

bucătărie
die Küche

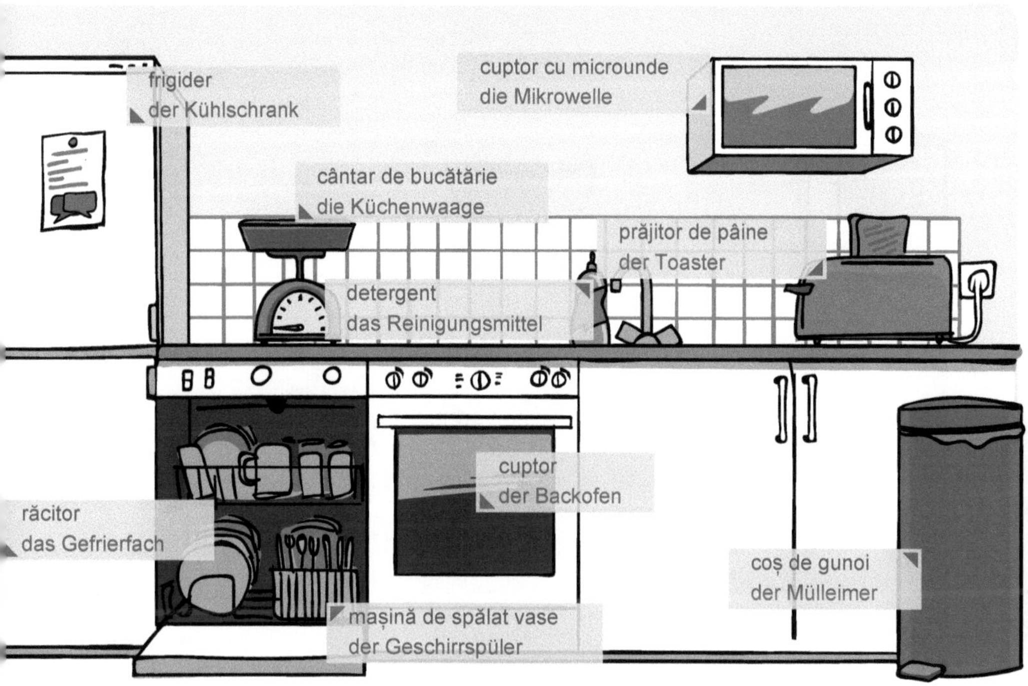
frigider
der Kühlschrank
cuptor cu microunde
die Mikrowelle
cântar de bucătărie
die Küchenwaage
prăjitor de pâine
der Toaster
detergent
das Reinigungsmittel
cuptor
der Backofen
răcitor
das Gefrierfach
coș de gunoi
der Mülleimer
mașină de spălat vase
der Geschirrspüler

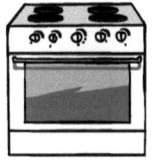

cuptor

der Herd

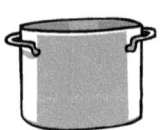

oală

der Topf

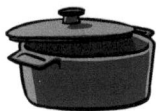

oală de metal

der Eisentopf

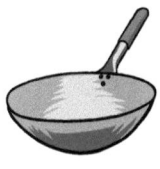

wok/kadai

der Wok / Kadai

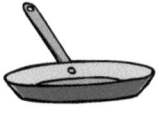

tigaie

die Pfanne

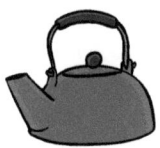

ceainic

der Wasserkocher

oală de gătit cu aburi

der Dampfgarer

tavă de copt

das Backblech

veselă

das Geschirr

pahar

der Becher

bol

die Schale

bețișoare

die Essstäbchen

polonic

die Suppenkelle

spatulă

der Pfannenwender

tel

der Schneebesen

sită

das Kochsieb

sită

das Sieb

răzătoare

die Reibe

mojar

der Mörser

grătar

der Grill

loc pentru grătar

die Feuerstelle

tocător

das Schneidebrett

sucitor

das Nudelholz

tirbușon

der Korkenzieher

conservă

die Dose

deschizător de conserve

der Dosenöffner

șervete termice

der Topflappen

chiuvetă

das Waschbecken

perie

die Bürste

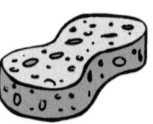

burete

der Schwamm

mixer

der Mixer

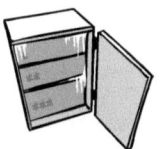

ladă frigorifică

die Gefriertruhe

biberon

die Babyflasche

robinet

der Wasserhahn

bucătărie - die Küche

baie

das Badezimmer

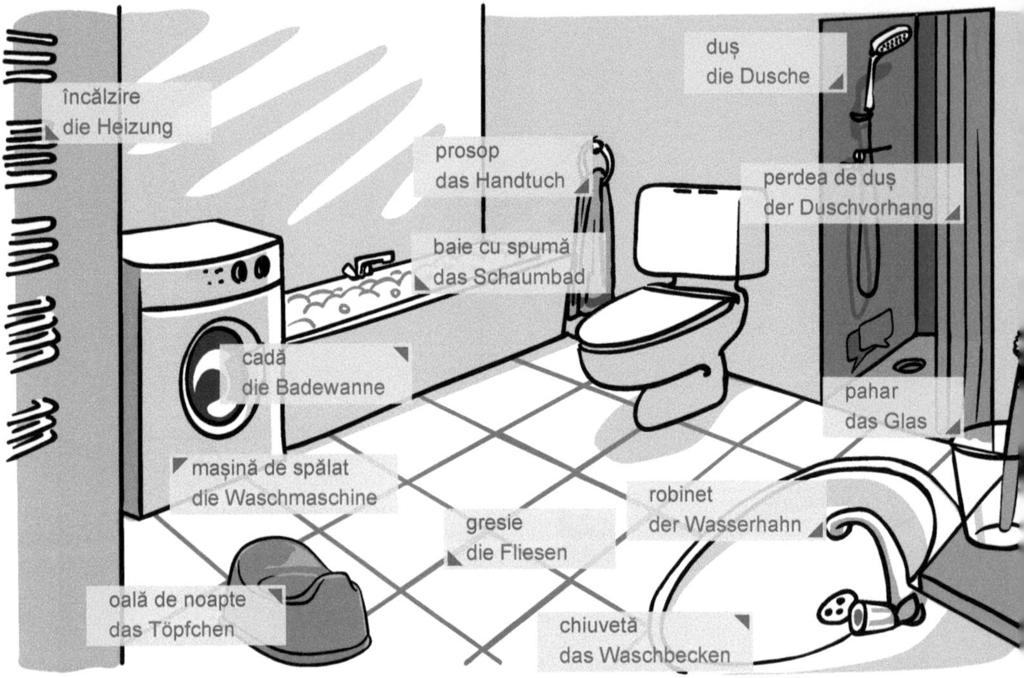
încălzire
die Heizung
duș
die Dusche
prosop
das Handtuch
perdea de duș
der Duschvorhang
baie cu spumă
das Schaumbad
cadă
die Badewanne
pahar
das Glas
mașină de spălat
die Waschmaschine
robinet
der Wasserhahn
gresie
die Fliesen
oală de noapte
das Töpfchen
chiuvetă
das Waschbecken

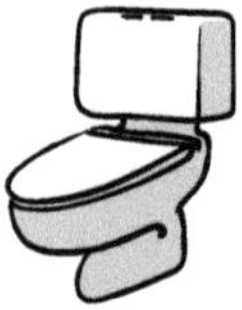

toaletă

die Toilette

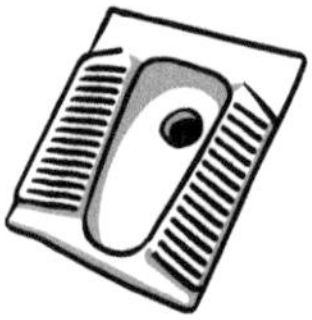

toaletă turcescă

die Hocktoilette

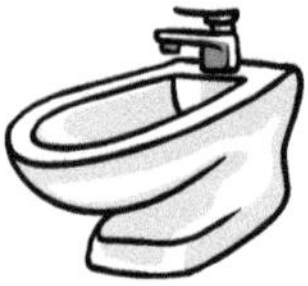

bideu

das Bidet

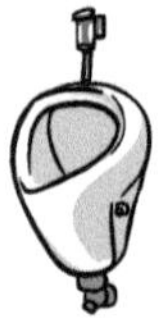

pisoir

das Pissoir

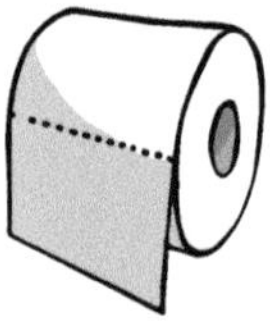

hârtie igienică

das Toilettenpapier

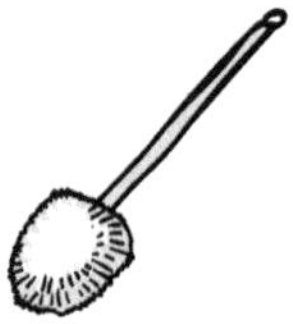

perie de toaletă

die Toilettenbürste

periuță de dinți

die Zahnbürste

pastă de dinți

die Zahnpasta

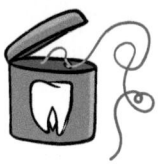

ață dentară

die Zahnseide

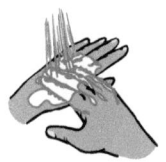

a spăla

waschen

cap de duș

die Handbrause

duș intim

die Intimdusche

lavoar

die Waschschüssel

perie pentru spate

die Rückenbürste

săpun

die Seife

gel de duș

das Duschgel

șampon

das Shampoo

cârpă de spălat

der Waschlappen

scurgere

der Abfluss

cremă

die Creme

deodorant

das Deodorant

oglindă
der Spiegel

oglindă cosmetică
der Kosmetikspiegel

aparat de ras
der Rasierer

spumă de ras
der Rasierschaum

aftershave
das Rasierwasser

pieptene
der Kamm

perie
die Bürste

uscător de păr
der Föhn

fixator
das Haarspray

machiaj
das Makeup

ruj
der Lippenstift

lac de unghii
der Nagellack

vată
die Watte

foarfece de unghii
die Nagelschere

parfum
das Parfum

baie - das Badezimmer

neseser

der Kulturbeutel

taburet

der Hocker

cântar

die Waage

halat de baie

der Bademantel

mănuși de cauciuc

die Gummihandschuhe

tampon

das Tampon

tampon

die Damenbinde

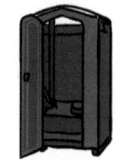

toaletă chimică

die Chemietoilette

camera copiilor
das Kinderzimmer

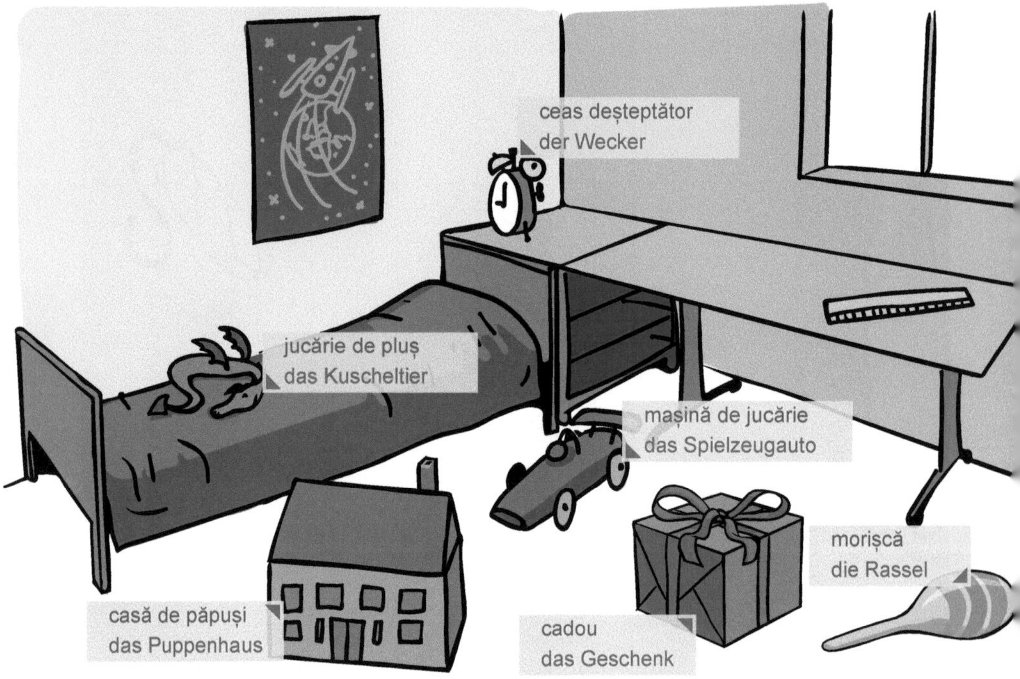

ceas deșteptător
der Wecker
jucărie de pluș
das Kuscheltier
mașină de jucărie
das Spielzeugauto
morișcă
die Rassel
casă de păpuși
das Puppenhaus
cadou
das Geschenk

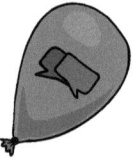

balon
der Ballon

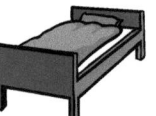

pat
das Bett

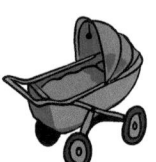

cărucior de copii
der Kinderwagen

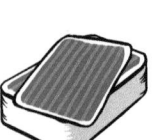

joc de cărți
das Kartenspiel

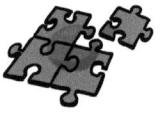

puzzle
das Puzzle

SUPER
MEGA

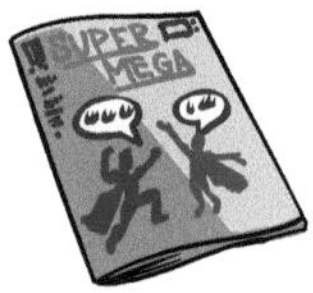

revistă de benzi desenate
der Comic

cuburi lego

die Legosteine

piese pentru construcţii

die Bausteine

personaj din filmele de acţiune

die Action Figur

body

der Strampelanzug

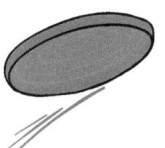

frisbee

das Frisbee

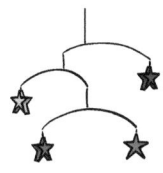

mobil

das Mobile

joc de societate

das Brettspiel

zar

der Würfel

set trenuleţ de jucărie

die Modelleisenbahn

suzetă

der Schnuller

petrecere

die Party

carte cu poze

das Bilderbuch

minge

der Ball

păpuşă

die Puppe

a se juca

spielen

groapă de nisip

der Sandkasten

leagăn

die Schaukel

jucării

das Spielzeug

consolă video

die Spielkonsole

tricicletă

das Dreirad

ursuleț

der Teddy

dulap

der Kleiderschrank

îmbrăcăminte
die Kleidung

șosete

die Socken

ciorapi

die Strümpfe

dres

die Strumpfhose

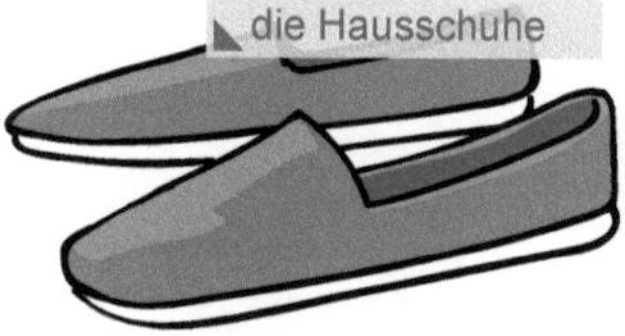

şal
der Schal

umbrelă
der Regenschirm

curea
der Gürtel

tricou
das T-Shirt

cizme
der Stiefel

papuci
die Hausschuhe

pantofi sport
die Turnschuhe

sandale

die Sandalen

încălțăminte

die Schuhe

cizme de cauciuc

die Gummistiefel

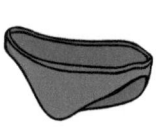

chilot

die Unterhose

sutien

der Büstenhalter

maiou

das Unterhemd

îmbrăcăminte - die Kleidung

45

body
der Body

pantaloni
die Hose

blugi
die Jeans

fustă
der Rock

bluză
die Bluse

cămașă
das Hemd

pulover
der Pullover

jerseu
der Kapuzenpullover

sacou
der Blazer

jachetă
die Jacke

palton
der Mantel

pelerină de ploaie
der Regenmantel

costum
das Kostüm

rochie
das Kleid

rochie de mireasă
das Hochzeitskleid

costum

der Anzug

cămașă de noapte

das Nachthemd

pijama

der Schlafanzug

sari

der Sari

batic

das Kopftuch

turban

der Turban

burka

die Burka

caftan

der Kaftan

abaya

die Abaya

costum de baie

der Badeanzug

șort

die Badehose

pantaloni scurți

die kurze Hose

trening

der Trainingsanzug

șorț

die Schürze

mănuși

die Handschuhe

nasture

der Knopf

ochelari

die Brille

brățară

das Armband

lanț

die Halskette

inel

der Ring

cercel

der Ohrring

căciulă

die Mütze

umeraș

der Kleiderbügel

pălărie

der Hut

cravată

die Krawatte

fermoar

der Reißverschluss

cască

der Helm

bretele

der Hosenträger

uniformă școlară

die Schuluniform

uniformă

die Uniform

îmbrăcăminte - die Kleidung

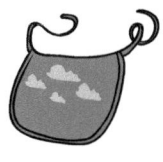

bavețică

das Lätzchen

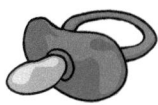

suzetă

der Schnuller

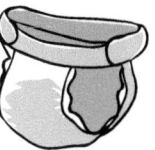

scutec

die Windel

birou
das Büro

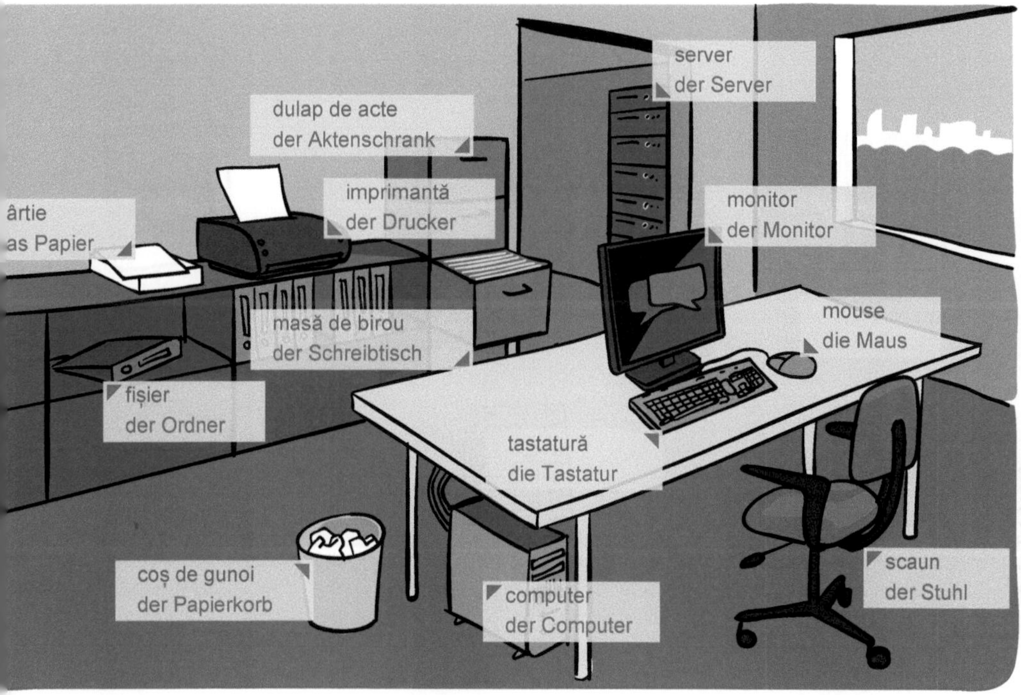

server
der Server
dulap de acte
der Aktenschrank
ârtie
as Papier
imprimantă
der Drucker
monitor
der Monitor
mouse
die Maus
masă de birou
der Schreibtisch
fișier
der Ordner
tastatură
die Tastatur
coș de gunoi
der Papierkorb
computer
der Computer
scaun
der Stuhl

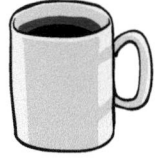

ceașcă de cafea

der Kaffeebecher

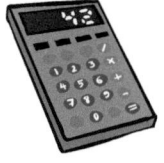

calculator

der Taschenrechner

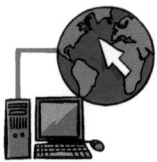

internet

das Internet

laptop

der Laptop

scrisoare

der Brief

mesaj

die Nachricht

telefon mobil

das Handy

rețea

das Netzwerk

copiator

der Kopierer

software

die Software

telefon

das Telefon

priză

die Steckdose

fax

das Fax

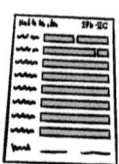

formular

das Formular

document

das Dokument

a cumpăra
....
kaufen

a plăti
....
bezahlen

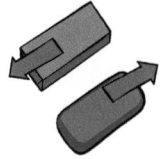

a face comerţ
....
handeln

bani
....
das Geld

 USD

Dolar
....
der Dollar

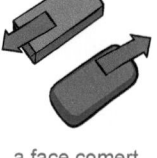 EUR

Euro
....
der Euro

 JPY

Yen
....
der Yen

 RUB

Rublă
....
der Rubel

 CHF

Franc Elveţian
....
der Franken

 CNY

renminbi yuan
....
der Renminbi Yuan

 INR

Rupie
....
die Rupie

bancomat
....
der Geldautomat

casă de schimb valutar

die Wechselstube

aur

das Gold

argint

das Silber

petrol

das Öl

energie

die Energie

preț

der Preis

contract

der Vertrag

impozit

die Steuer

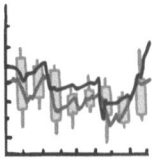

acțiune

die Aktie

a munci

arbeiten

angajat

der Angestellte

angajator

der Arbeitgeber

fabrică

die Fabrik

magazin

das Geschäft

ocupații
die Berufe

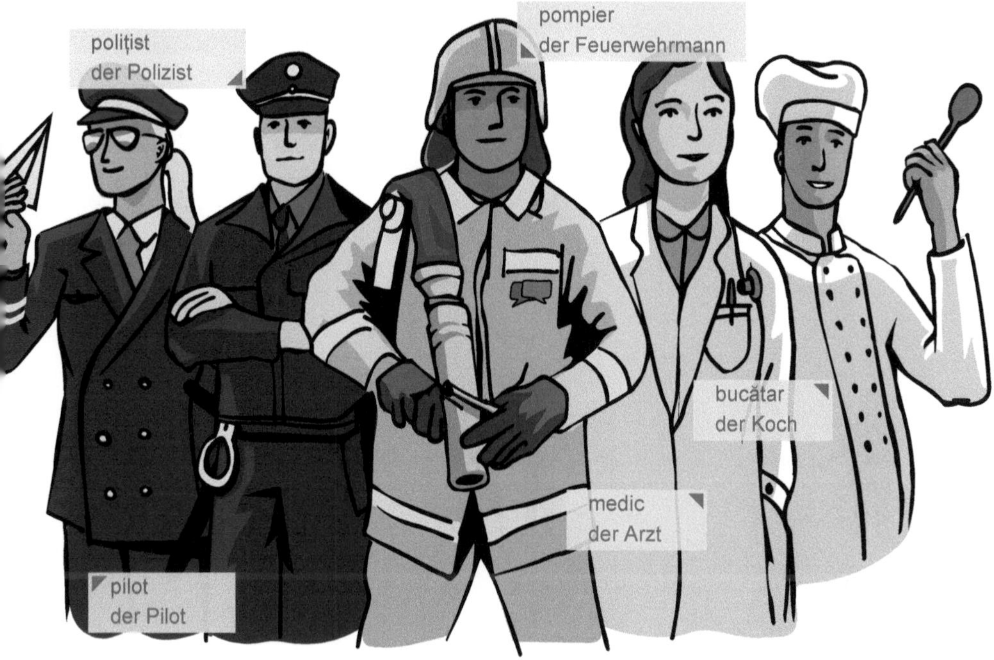
polițist
der Polizist
pompier
der Feuerwehrmann
bucătar
der Koch
medic
der Arzt
pilot
der Pilot

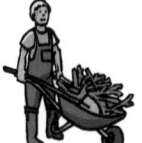

grădinar

der Gärtner

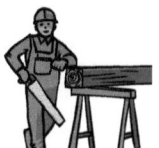

tâmplar

der Tischler

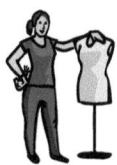

cusătoreasă

die Näherin

judecător

der Richter

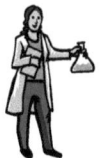

chimist

der Chemiker

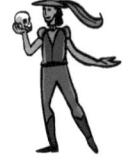

actor

der Schauspieler

șofer de autobuz

der Busfahrer

șofer de taxi

der Taxifahrer

pescar

der Fischer

femeie de serviciu

die Putzfrau

tinichigiu

der Dachdecker

chelnăr

der Kellner

vânător

der Jäger

pictor

der Maler

brutar

der Bäcker

electrician

der Elektriker

muncitor în construcții

der Bauarbeiter

inginer

der Ingenieur

măcelar

der Schlachter

instalator

der Klempner

poștaș

der Postbote

soldat

der Soldat

arhitect

der Architekt

casier

der Kassierer

florar

der Florist

frizer

der Friseur

controlor

der Schaffner

mecanic

der Mechaniker

căpitan

der Kapitän

stomatolog

der Zahnarzt

om de ştiinţă

der Wissenschaftler

rabin

der Rabbi

imam

der Imam

călugăr

der Mönch

preot

der Geistliche

instrumente

die Werkzeuge

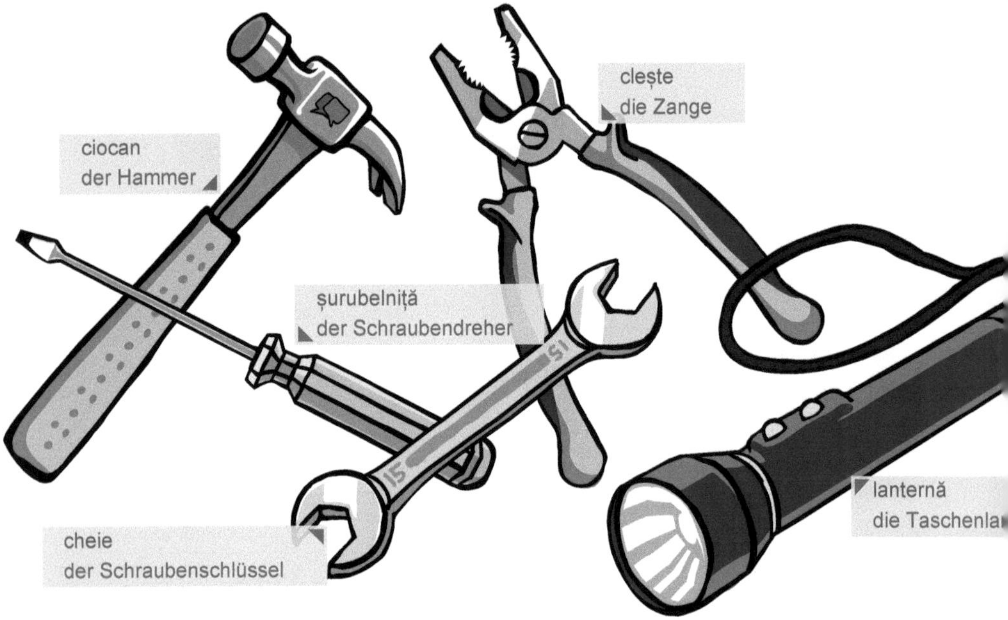
ciocan
der Hammer
cleşte
die Zange
şurubelniţă
der Schraubendreher
cheie
der Schraubenschlüssel
lanternă
die Taschenla

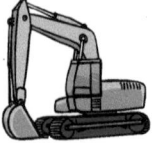

excavator

der Bagger

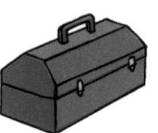

cutie de scule

der Werkzeugkasten

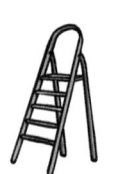

scară

die Leiter

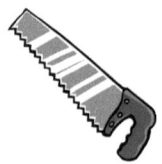

ferăstrău

die Säge

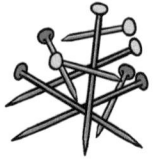

cuie

die Nägel

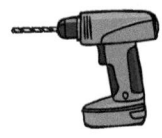

burghiu

der Bohrer

a repara
....
reparieren

lopată
....
die Schaufel

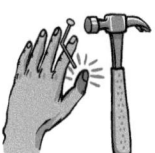

La naiba!
....
Mist!

făraș
....
das Kehrblech

vas pentru vopsea
....
der Farbtopf

șuruburi
....
die Schrauben

instrumente muzicale
die Musikinstrumente

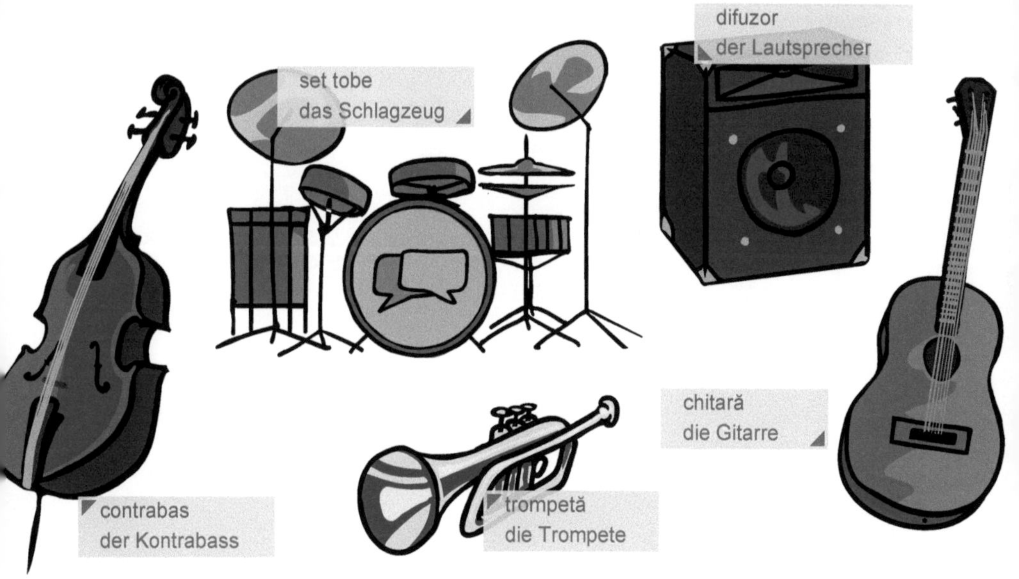

difuzor
der Lautsprecher

set tobe
das Schlagzeug

chitară
die Gitarre

contrabas
der Kontrabass

trompetă
die Trompete

pian

das Klavier

vioară

die Violine

bas

der Bass

trombon

die Pauke

tobă

die Trommeln

keyboard

das Keyboard

saxofon

das Saxophon

fluier

die Flöte

microfon

das Mikrofon

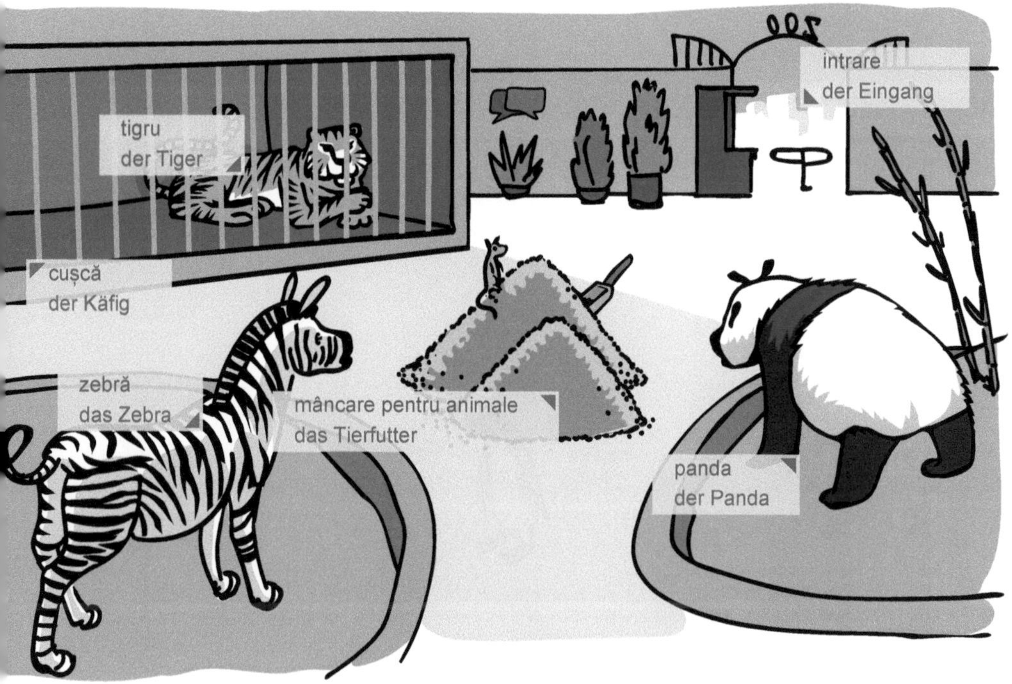

intrare
der Eingang

tigru
der Tiger

cușcă
der Käfig

zebră
das Zebra

mâncare pentru animale
das Tierfutter

panda
der Panda

animale

die Tiere

elefant

der Elefant

cangur

das Känguruh

rinocer

das Nashorn

gorilă

der Gorilla

urs

der Bär

cămilă

das Kamel

struţ

der Strauß

leu

der Löwe

maimuţă

der Affe

flamingo

der Flamingo

papagal

der Papagei

urs polar

der Eisbär

pinguin

der Pinguin

rechin

der Hai

păun

der Pfau

şarpe

die Schlange

crocodil

das Krokodil

îngrijitor grădina zoologică

der Zoowärter

focă

die Robbe

jaguar

der Jaguar

ponei

das Pony

leopard

der Leopard

hipopotam

das Nilpferd

girafă

die Giraffe

acvilă

der Adler

porc mistreț

das Wildschwein

pește

der Fisch

broască țestoasă

die Schildkröte

morsă

das Walross

vulpe

der Fuchs

gazelă

die Gazelle

der Sport

fotbal american
das American Football

ciclism
das Radfahren

tenis
das Tennis

basketball
der Basketball

înot
das Schwimmen

box
das Boxen

hockey pe gheață
das Eishockey

fotbal
der Fußball

badminton
das Badminton

atletism
die Leichtathletik

handbal
der Handball

schi
das Skilaufen

polo
das Polo

a sări
springen

a râde
lachen

a îmbrățișa
umarmen

a merge
gehen

a cânta
singen

a se ruga
beten

a săruta
küssen

a visa
träumen

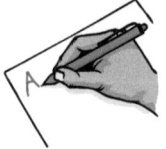

a scrie

schreiben

a desena

zeichnen

a arăta

zeigen

a împinge

drücken

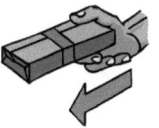

a da

geben

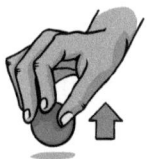

a lua

nehmen

a avea

haben

a face

tun

a fi

sein

a sta în picioare

stehen

a fugi

laufen

a trage

ziehen

a arunca

werfen

a cădea

fallen

a sta întins

liegen

a aștepta

warten

a purta

tragen

a ședea

sitzen

a se îmbrăca

anziehen

a dormi

schlafen

a se trezi

aufwachen

a privi

ansehen

a plânge

weinen

a mângâia

streicheln

a se pieptăna

kämmen

a vorbi

reden

a înțelege

verstehen

a întreba

fragen

a asculta

hören

a bea

trinken

a mânca

essen

a face ordine

aufräumen

a iubi

lieben

a găti

kochen

a conduce

fahren

a zbura

fliegen

a naviga

segeln

a calcula

rechnen

a citi

lesen

a învăța

lernen

a munci

arbeiten

a se căsători

heiraten

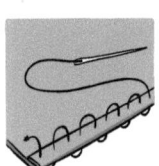

a coase

nähen

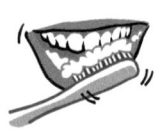

a se spăla pe dinți

Zähne putzen

a ucide

töten

a fuma

rauchen

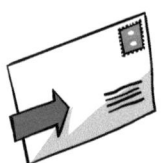

a trimite

senden

...ică
Großmutter

bunic
der Großvater

tată
der Vater

mamă
die Mutter

bebeluș
das Baby

soră
die Tochter

fiu
der Sohn

oaspete

der Gast

mătușă

die Tante

unchi

der Onkel

frate

der Bruder

soră

die Schwester

corp

der Körper

frunte
die Stirn
ochi
das Auge
umăr
die Schulter
deget
der Finger
față
das Gesicht
bărbie
das Kinn
mână
die Hand
picior
das Bein
piept
die Brust
braț
der Arm

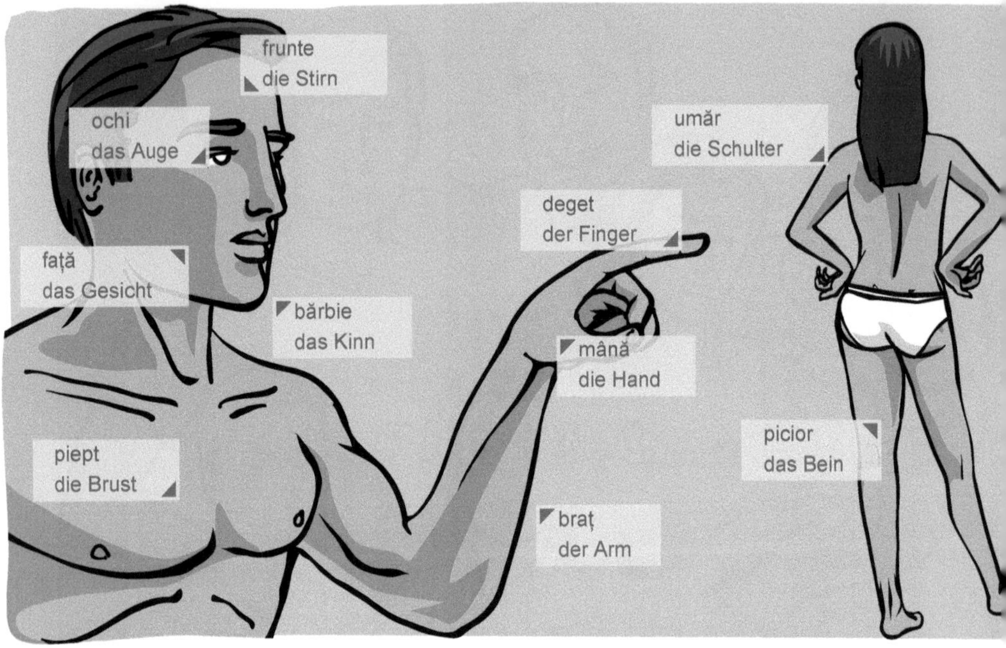

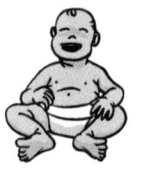

bebeluș

das Baby

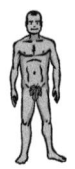

bărbat

der Mann

femeie

die Frau

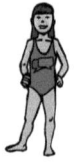

fată

das Mädchen

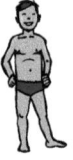

băiat

der Junge

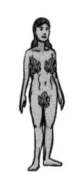

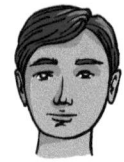

cap

der Kopf

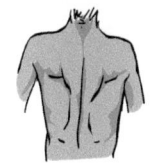

spate
der Rücken

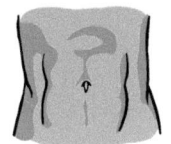

abdomen
der Bauch

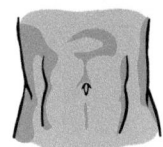

ombilic
der Nabel

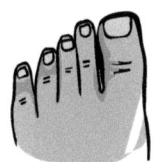

deget de la picior
der Zeh

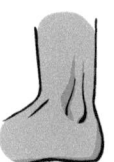

călcâi
die Ferse

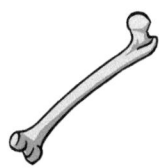

os
der Knochen

șold
die Hüfte

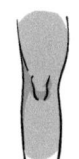

genunchi
das Knie

cot
der Ellenbogen

nas
die Nase

fund
das Gesäß

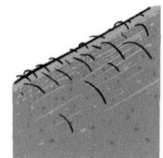

piele
die Haut

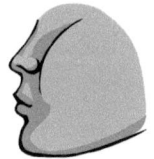

obraz
die Wange

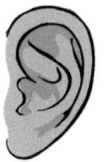

ureche
das Ohr

buză
die Lippe

gură
der Mund

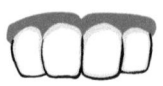

dinte
der Zahn

limbă
die Zunge

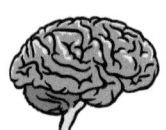

creier
das Gehirn

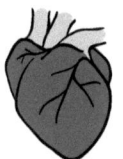

inimă
das Herz

muşchi
der Muskel

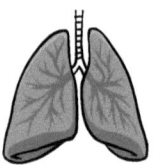

plămân
die Lunge

ficat
die Leber

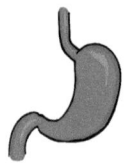

stomac
der Magen

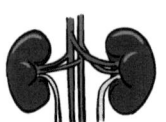

rinichi
die Nieren

sex
der Geschlechtsverkehr

prezervativ
das Kondom

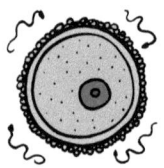

ovul
die Eizelle

spermă
das Sperma

sarcină
die Schwangerschaft

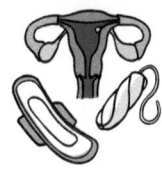

menstruație

die Menstruation

vagin

die Vagina

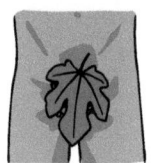

penis

der Penis

sprânceană

die Augenbraue

păr

das Haar

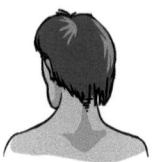

gât

der Hals

spital
das Krankenhaus

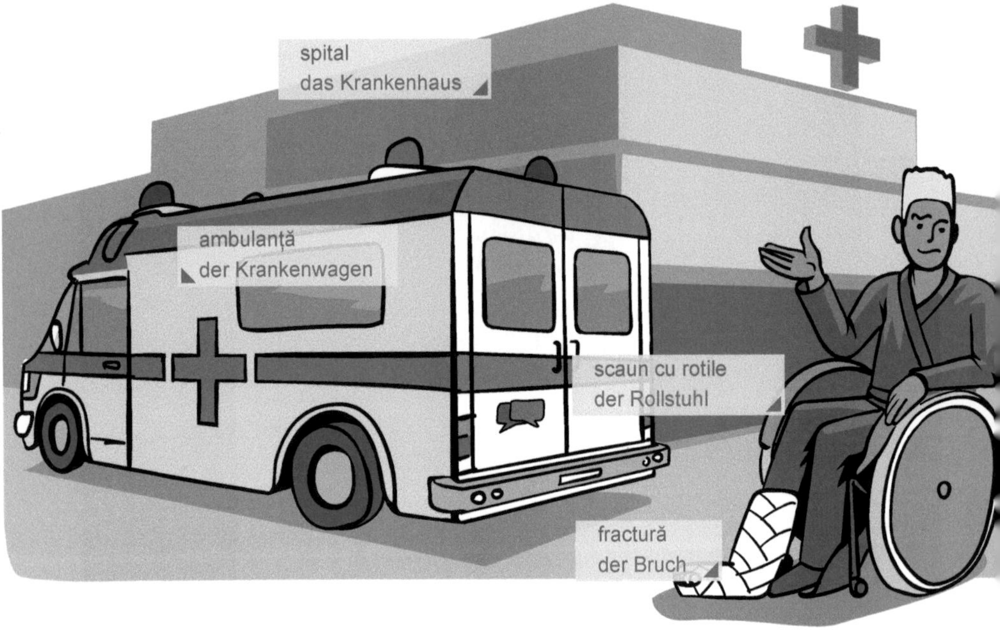

spital
das Krankenhaus
ambulanță
der Krankenwagen
scaun cu rotile
der Rollstuhl
fractură
der Bruch

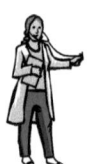

medic
der Arzt

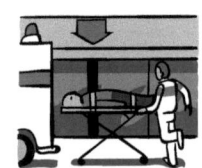

unitate de primiri urgențe
die Notaufnahme

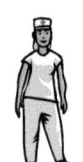

soră medicală
die Krankenschwester

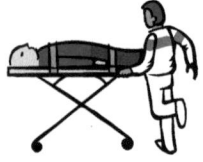

urgență
der Notfall

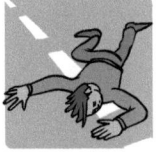

inconștient
ohnmächtig

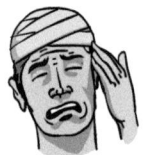

durere
der Schmerz

leziune
die Verletzung

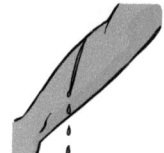

sângerare
die Blutung

infarct miocardic
der Herzinfarkt

atac cerebral
der Schlaganfall

alergie
die Allergie

tuse
der Husten

febră
das Fieber

gripă
die Grippe

diaree
der Durchfall

durere de cap
die Kopfschmerzen

cancer
der Krebs

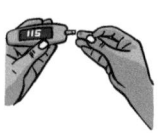

diabet
die Diabetis

chirurg
der Chirurg

scalpel
das Skalpell

operaţie
die Operation

CT

das CT

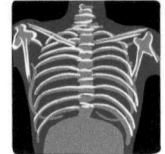

raze Röntgen

das Röntgen

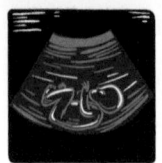

ultrasunet

das Ultraschall

mască

die Maske

boală

die Krankheit

sală de așteptare

das Wartezimmer

cârjă

die Krücke

plasture

das Pflaster

bandaj

der Verband

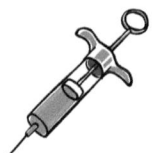

injecție

die Injektion

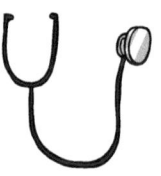

stetoscop

das Stethoskop

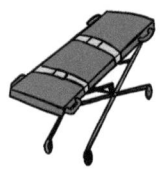

targă

die Trage

termometru

das Thermometer

naștere

die Geburt

supraponderabilitate

das Übergewicht

aparat auditiv

das Hörgerät

dezinfectant

das Desinfektionsmittel

infecţie

die Infektion

virus

das Virus

HIV/SIDA

das HIV / AIDS

medicină

die Medizin

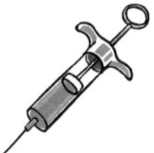

vaccin

die Impfung

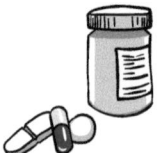

tablete

die Tabletten

pastilă

die Pille

apel de urgenţă

der Notruf

aparat de măsurare a
presiunii arteriale

das Blutdruck-Messgerät

bolnav/sănătos

krank / gesund

Ajutor!

Hilfe!

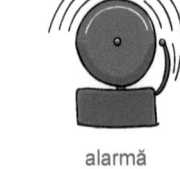

alarmă

der Alarm

agresiune

der Überfall

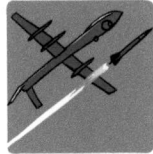

atac

der Angriff

pericol

die Gefahr

ieșire de urgență

der Notausgang

Foc!

Feuer!

extinctor

der Feuerlöscher

accident

der Unfall

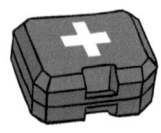

trusă de prim-ajutor

der Erste-Hilfe-Koffer

SOS

SOS

poliție

die Polizei

Europa

das Europa

America de Nord

das Nordamerika

America de Sud

das Südamerika

Africa

das Afrika

Asia

das Asien

Australia

das Australien

Altantic

der Atlantik

Pacific

der Pazifik

Oceanul Indian

der Indische Ozean

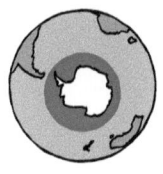

Oceanul Antarctic

er Antarktische Ozean

Oceanul Arctic

der Arktische Ozean

Polul Nord

der Nordpol

Polul Sud

der Südpol

Antarctica

die Antarktis

pământ

die Erde

țară

das Land

mare

das Meer

insulă

die Insel

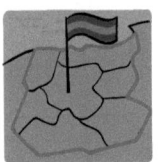

națiune

die Nation

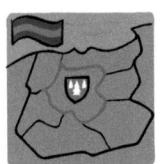

stat

der Staat

cadran

das Zifferblatt

orar

der Stundenzeiger

minutar

der Minutenzeiger

secundar

der Sekundenzeiger

Cât e ceasul?

Wie spät ist es?

zi

der Tag

timp

die Zeit

acum

jetzt

cead digital

die Digitaluhr

minut

die Minute

oră

die Stunde

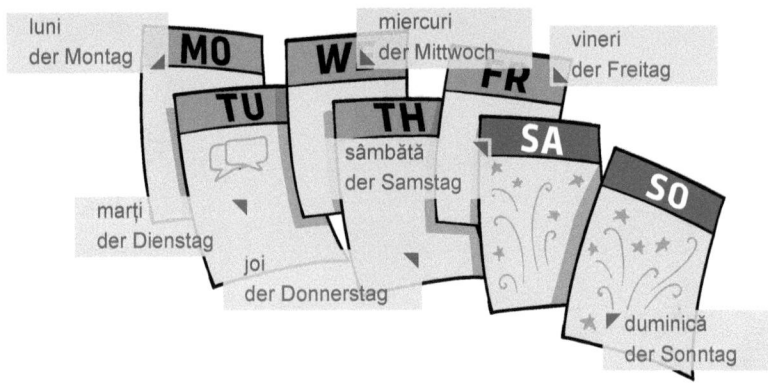

luni
der Montag

miercuri
der Mittwoch

vineri
der Freitag

marţi
der Dienstag

sâmbătă
der Samstag

joi
der Donnerstag

duminică
der Sonntag

ieri

gestern

azi

heute

mâine

morgen

dimineaţă

der Morgen

amiază

der Mittag

seară

der Abend

zile lucrătoare

die Arbeitstage

week-end

das Wochenende

an

das Jahr

ploaie
der Regen
curcubeu
der Regenbogen
zăpadă
der Schnee
vânt
der Wind
primăvară
der Frühling
toamnă
der Herbst
vară
der Sommer
iarnă
der Winter

4.APRIL 11°
5.APRIL 4°
6.APRIL 13°
7.APRIL 8°
8.APRIL 10°

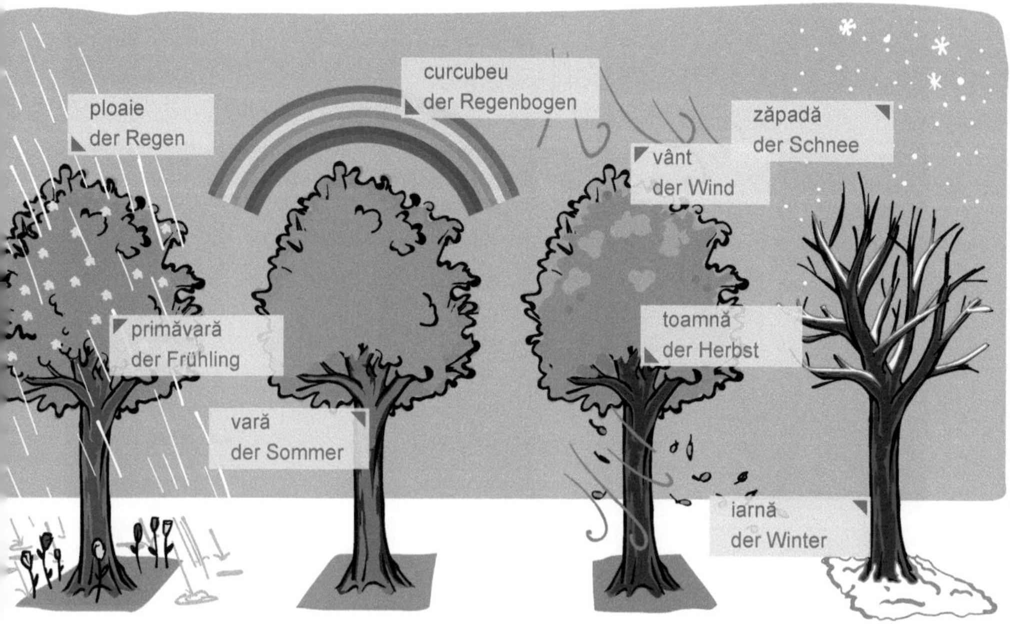

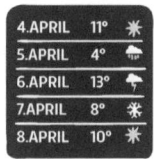

prognoză meteo

die Wettervorhersage

F
C
120
90
60
30
0
-30
40
30
20
10
0
-10
-20

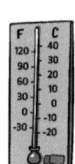

termometru

das Thermometer

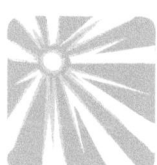

lumina soarelui

der Sonnenschein

nor

die Wolke

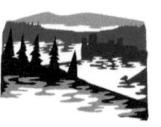

ceață

der Nebel

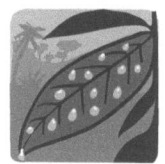

umiditate a aerului

die Luftfeuchtigkeit

fulger

der Blitz

tunet

der Donner

furtună

der Sturm

grindină

der Hagel

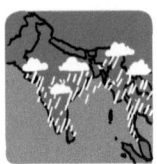

muson

der Monsun

inundație

die Flut

gheață

das Eis

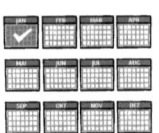

ianuarie

der Januar

februarie

der Februar

martie

der März

aprilie

der April

mai

der Mai

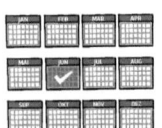

iunie

der Juni

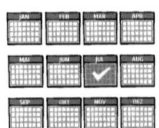

iulie

der Juli

august

der August

septembrie

der September

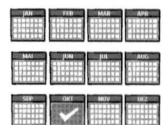

octombrie

der Oktober

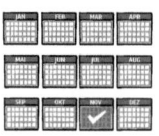

noiembrie

der November

decembrie

der Dezember

forme
die Formen

cerc

der Kreis

pătrat

das Quadrat

dreptunghi

das Rechteck

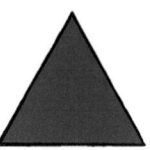

triunghi

das Dreieck

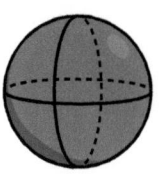

sferă

die Kugel

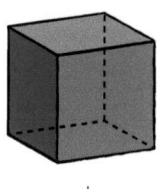

cub

der Würfel

culori

die Farben

alb
....
weiß

galben
....
gelb

portocaliu
....
orange

roz
....
pink

roşu
....
rot

violet
....
lila

albastru
....
blau

verde
....
grün

maro
....
braun

gri
....
grau

negru
....
schwarz

mult/puţin
viel / wenig

furios/calm
wütend / friedlich

frumos/urât
hübsch / hässlich

început/sfârşit
der Anfang / das Ende

mare/mic
groß / klein

luminos/întunecat
hell / dunkel

frate/soră
r Bruder / die Schwester

curat/murdar
sauber / schmutzig

complet/incomplet
vollständig / unvollständig

zi/noapte
der Tag / die Nacht

mort/viu
tot / lebendig

lat/strâmt
breit / schmal

comestibil/necomestibil

genießbar / ungenießbar

rău/prietenos

böse / freundlich

emoţionat/plictisit

aufgeregt / gelangweilt

gras/slab

dick / dünn

primul/ultimul

zuerst / zuletzt

prieten/inamic

der Freund / der Feind

plin/gol

voll / leer

tare/moale

hart / weich

greu/uşor

schwer / leicht

foame/sete

der Hunger / der Durst

bolnav/sănătos

krank / gesund

ilegal/legal

illegal / legal

inteligent/stupid

intelligent / dumm

stânga/drepta

links / rechts

aproape/departe

nah / fern

antonime - die Gegenteile

nou/uzat

neu / gebraucht

nimic/ceva

nichts / etwas

bătrân/tânăr

alt / jung

pornit/oprit

an / aus

deschis/închis

offen / geschlossen

încet/tare

leise / laut

bogat/sărac

reich / arm

corect/fals

richtig / falsch

aspru/neted

rau / glatt

trist/fericit

traurig / glücklich

lung/scurt

kurz / lang

încet/repede

langsam / schnell

ud/uscat

nass / trocken

cald/rece

warm / kühl

război/pace

der Krieg / der Frieden

0

zero

null

1

unu

eins

2

doi

zwei

3

trei

drei

4

patru

vier

5

cinci

fünf

6

șase

sechs

7

șapte

sieben

8

opt

acht

9

nouă

neun

10

zece

zehn

11

unsprezece

elf

12

douăsprezece

zwölf

13

treisprezece

dreizehn

14

paisprezece

vierzehn

15

cincisprezece

fünfzehn

16

șaisprezece

sechzehn

17

șaptesprezece

siebzehn

18

optsprezece

achtzehn

19

nouăsprezece

neunzehn

20

douăzeci

zwanzig

100

o sută

hundert

1.000

o mie

tausend

1.000.000

un milion

million

engleză

Englisch

engleză americană

Amerikanisches Englisch

chineza mandarină

Chinesisch Mandarin

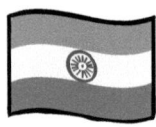

hindi

Hindi

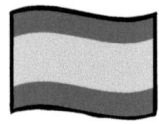

spaniolă

Spanisch

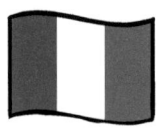

franceză

Französisch

arabă

Arabisch

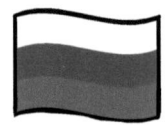

rusă

Russisch

protugheză

Portugiesisch

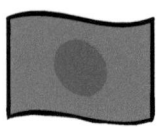

bengaleză

Bengalisch

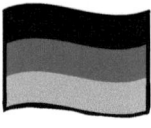

germană

Deutsch

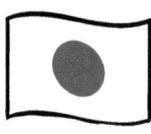

japoneză

Japanisch

eu

ich

tu

du

el/ea

er / sie / es

noi

wir

voi

ihr

ea

sie

cine?

wer?

ce?

was?

cum?

wie?

unde?

wo?

când?

wann?

nume

Name

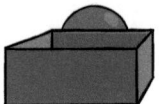

în spate

hinter

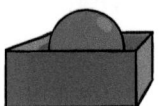

în

in

înainte

vor

peste

über

pe

auf

sub

unter

lângă

neben

între

zwischen

loc

der Ort